# NOTICE

# D'ESTAMPES

### ANCIENNES ET MODERNES,

## LITHOGRAPHIES, RECUEILS, LIVRES,

## PLANCHES GRAVÉES,

### QUELQUES TABLEAUX ET DESSINS;

#### MEUBLES, CURIOSITÉS, MONTRES, CHAÎNES, BIJOUX,

#### PIERRES, ÉMERAUDES, RUBIS,

# BEAUX BRILLANS;

Dont la vente aura lieu après le décès de M. A***,
Artiste Sculpteur.

*Par Ch. Potrelle, Expert en objets d'arts.*

Cette vente se fera le lundi 2 avril et les trois jours suivans
matin et soir, Hotel Bullion, rúe J.-J. Rousseau (salle n° 3).

*L'exposition sera publique les dimanche 1er, et lundi 2 avril,*
*de midi à trois heures.*

### LA NOTICE SE DISTRIBUE :

M.t Bonnefons-de-la-Vialle, Commissaire-Priseur, rue Saint-
Marc, n°. 14;

Chez M. Ch. Potrelle, Expert en objets d'arts, rue des Vieilles-
Étuves Saint-Honoré, n°. 5;

M. Chaillou-Potrelle, Éditeur, rue Saint-Honoré.

PARIS, 1827.

# ORDRE DE LA VENTE.

---

### Ire. VACATION.

Le lundi 2 avril, à 6 heures du soir, on vendra,
*Les Estampes encadrées et en feuilles.*

### 2e. VACATION.

Le mardi 5 avril, 6 heures du soir,
*La suite des Estampes.*

### 3e. VACATION.

Le mercredi 4 avril, à midi,
*Les Meubles, Brillans, Montres, Bijoux et Objets divers.*

### 4e. VACATION.

Le même jour, à 6 heures du soir,
*La continuation des Estampes.*

### 5e. VACATION.

Le jeudi 5 avril, à midi,
*Les Livres et les Planches gravées.*

### 6e. ET DERNIÈRE VACATION.

Le jeudi, à 6 heures du soir,
*Les Tableaux, Dessins, Lithogrphies, Recueils et Estampes.*

( L'étoile placée près des numéros indique les escadremens. )

# NOTICE.

## ESTAMPES.

### ADAM ( Par M. Pierre ).

1 Mercure endormant Argus, d'après M. Steu-
ben; épreuve aux lettres grises, sur papier de
Chine.

### ALLAIS ( Par M. J. A. ).

2* Van Dyck peignant son premier tableau,
jolie estampe gravée d'après M. Ducis; épreuve
avant la lettre.

### ANDERLONI ( Pietro ).

3 La Vierge aux Anges, charmante estampe
gravée au burin d'après le Titien; épreuve
sur papier de Chine.

### AUDOUIN ( Pierre ).

4 Louis XVIII en manteau royal, d'après le tableau de M. le baron Gros; épreuve avant la
lettre.

5 Vénus blessée, d'après une composition de
Raphael; épreuve avant la lettre.

6* Les Portraits de Louis XVI, Louis XVIII, et
un sujet militaire.

### AUDRAN (Benedictus et Jean).

7* Portraits de Jean-Baptiste Colbert et d'Antoine Coyzevox, d'après Hyacinthe Rigaud.

### BAQUOY (M. Pierre).

8 Frédéric et Voltaire, d'après M. Monsiau. — Montaigne et le Tasse, d'après M. Ducis.

### BERTRAND (M. Noël).

9 Louis XVIII, Roi de France et de Navarre, portrait forme ovale, d'après Buguet; épreuve aux lettres grises.

10 Le même portrait, colorié.

11 Napoléon en buste, d'après David; épreuve avant la lettre.

12 Jeune Guerrier romain; Cornélie; Guerrier Grec; jeune Fille; quatre têtes, d'après Fleury; épreuves coloriées, 12 pièces.

### BERVIC.

13 L'Innocence, jolie estampe, d'après Mérimée; très-belle épreuve.

### BLOT.

14 Fête au dieu Pan, d'après Poussin; épreuve avant la lettre.

### BOVINET (M.).

15 La bataille d'Austerlitz, d'après M. Gérard; grande vignette sur papier de Chine, avant la lettre.

## CAZENAVE.

16 Le Lion de Florence, d'après M. Monsiau; épreuve coloriée.

## CHARON (M.).

17 Sa Majesté Charles X, d'après Aubry; épreuve avant la lettre.

## CHATILLON (M.).

18 Endymion, d'après Girodet; belle épreuve avant le nuage.

## COINY (M. J.).

19 La Création d'Eve, d'après Michel-Ange; épreuve sur papier de Chine, le titre tracé à la pointe.

## DARCIS.

20 Quatre charmantes Estampes, d'après Morland, représentant les effets de l'industrie, de l'économie, de la dissipation et de la paresse; très-belles épreuves.

## DEBUCOURT (M.).

21 Les intérieurs d'une Salle à manger et d'une Cuisine, d'après Drolling; épreuves avant la lettre.

22 Siècle de Louis XV, une Soirée chez Madame Geoffrin, d'après Lemonnier.

## DEQUEVAUVILLIER (M.).

23 Combats navals livrés par M. de la Peyrouse et autres fameux capitaines, quatre grandes estampes d'après Rossel.

## DESNOYERS (M. Auc. Bouch.).

24 Napoléon en grand costume, d'après M. Gérard.

25 Portrait de M. Talleyrand-Périgord, d'après le même peintre; épreuve avant la lettre.

26 M. le comte de Siméon, composé dans un ovale avec fond; belle épreuve sur papier de Chine.

27 François Ier. et Marguerite de Navarre, sa sœur, au château de Chambord, d'après M. Richard; épreuve avant la lettre.

28 Phèdre et Hippolyte, d'après M. Pierre Guérin; épreuve avant la lettre.

29 Eliezer et Rébecca, très-belle estampe gravée d'après N. Poussin; épreuve avant la lettre.

## DREVÉT ( Pierre ).

30* Louis XV, représenté en manteau royal, d'après Hyacinthe Rigaud.

31* Samuel Bernard, grand portrait d'après le même peintre.

32* Adrienne Le Couvreur, d'après Coypel.

33* André Hercules, cardinal de Fleury. —

Guillaume Dubois, archevêque de Cambray,
d'après Hyacinthe Rigaud.

34* Louis Hector, duc de Villars. — Hyacinthe
Rigaud, peint par lui-même, avec Élisabeth
de Gouix, sa femme.

### FORSTER ( M. F. ).

35 L'Aurore et Céphale, d'après M. P. Guerin;
épreuve avant la lettre.

36 La même estampe aussi avant la lettre, et sur
papier de Chine.

### FORTIER ( M. ).

37 Forêt vierge du Brésil; beau paysage dessiné
sur le lieu, par M. le comte de Clarac.

### GANDOLFI.

38 La Vierge, l'Enfant Jésus et St.-Jérome; belle
estampe d'après le Corrège.

### GODEFROY ( M. John ).

39* La Bataille d'Austerlitz, d'après le tableau
de M. Gérard.

### JAZET ( M. ).

40 Le Soldat laboureur, d'après M. H. Vernet.

41 Le Duel, d'après M. Vigueron; épreuve avant
la lettre.

42 Départ du bivouac, Cosaques et Baskirs,
d'après Sauewied.

43 La même estampe, épreuve avant la lettre.

### JOHANNOT ( Jo. ).

44 Les Orphelins, charmante estampe d'après M. Scheffer; épreuve avant la lettre, papier de Chine.

### LAUGIER ( M. ).

45 Pygmalion amoureux de sa statue, d'après Girodet; très - belle épreuve avant toutes lettres, sur papier de Chine, les noms d'auteurs seulement.

### LE COMTE ( M. ).

46 La Vierge au coussin vert, d'après André Solario.

### LEROUX ( M. ).

47 La Dame de charité, d'après Madame Haudebourt; épreuve avant la lettre, sur papier de Chine.

### LIGNON ( M. Fred. )

48 Christ au roseau, d'après Le Guide; épreuve avant la lettre.

49 Portrait du duc de Richelieu, dessiné par M. Laguiche, d'après Lawrence; très-belle épreuve avant toutes lettres, papier de Chine.

50 Portrait du grand duc de Bade, avant toutes lettres, papier de Chine.

51 Madame la comtesse de Genlis, d'après M<sup>me</sup>.

Chéradame ; épreuve avant toutes lettres, papier de Chine.

52 La Vierge au Poisson, d'après Raphaël, belle épreuve sur papier de Chine.

53 Mademoiselle Mars, d'après M. Gérard; belle épreuve sur papier de Chine.

54 Portrait de Talma, d'après M. Picot.

55 Le même portrait, avant la lettre et sur papier de Chine.

55 *bis* Deux épreuves avant la lettre, de Talma et Mademoiselle Mars.

56 Les Portraits de Massillon, Boileau et Molière, d'après MM. Dosenne et Devéria; premières épreuves, papier de Chine.

57 Seize jolies vignettes, dont les Evangélistes, le Grand Condé; pièces pour le Gil-Blas et Don-Quichotte; toutes épreuves avant la lettre, 4 lots.

### MAILE ( Par G. ).

58 L'Invalide malade, d'après Beaume.

59 Mazzocchi, chef de brigands, d'après Michalon. — Femme de brigand napolitain, d'après Coguiet.

60 Philippo-Lippi amoureux de son modèle, d'après De la Roche.

### MARIAGE ( M. ).

61 Six sujets tirés des Incas, d'après les tableaux de Le Barbier.

### MÉCOU ( M. J. ).

62 Christ sur la croix, d'après Duvivier.

### MOREL ( M. Alex. ).

63 Serment des Horaces, d'après L. David; très-belle épreuve avant la lettre, sur papier de Chine.

64 OEdipe, d'après Giroust.

65 Le Jugement de Salomon belle et grande estampe d'après Poussin.

66 La même estampe, épreuve avant la lettre, sur papier de Chine.

### MULLER ( Frédéric ).

67* La Madona di S. Sisto di Rafaello; très-belle estampe gravée sur le dessin de Madame Seidelmann, d'après le tableau de la galerie royale de Dresde (épreuve du premier cent).

### MULLER (M. Henri-Charles).

68 Psyché enlevée par les Amours, d'après Prud'hon; belle épreuve d'artiste, avant toutes lettres, sur papier de Chine.

## NANTEUIL.

69* Deux beaux portraits, dont Christine, d'après Bourdon, et un cardinal.

## PAVON ( Ignace ).

70 La Transfiguration, d'après Raphaël; épreuve aux lettres grises.

## PETIT.

71 Naissance de Rémus et Romulus, d'après Pietre de Cortonne; épreuve avnt la lettre.

## PERINGER (B.).

72 Le Grenadier rentrant dans sa patrie, d'après De Lassus.

## PORPORATI.

73 Clorinde et Tancrède. — Erminie et le Berger, d'après Vanlo.

## POTRELLE ( M. J. L. )

74 Suite de six Amours, d'après les tableaux de M. Gérard.

## RAINALDI.

75 Le Char de l'Aurore, d'après Le Guide.

## REYNOLDS ( W. S. ).

76 Les enfans surpris par l'orage, d'après Delaroche; épreuve avant la lettre.

## SIXDÉNIERS ( M. Alex. )

77 Properzia de Rossi, sculptant son dernier ouvrage, d'après M. Ducis; épreuve avant la lettre, papier de Chine.

78 Honneurs rendus à Raphaël après sa mort, belle estampe d'après Bergeret; épreuve avant la lettre, papier de Chine.

79 Portrait d'Eugene de Beauharnais, d'après M. Deveria.

## THOUVENIN.

80 La Sainte-Famille, d'après Raphaël.

## TOSETTI ( *in Roma* ).

81 La Madona di S. Sisto, d'après Raphaël Urbain.

## WILLE ( Jean-George ).

82* La Mort de Marc-Antoine, d'après Battoni; épreuve avant la lettre. — Mort de Cléopatre, d'après Gaspar - Netscher. — La Mère de Gérard-Douw. — Le Repos de la Vierge, d'après Dietricy.—Frédéric II, roi de Prusse, d'après Pesne. — Le comte de St.-Florentin. — Jean de Boullogne. — Abel Poisson de Marigny, d'après L. Tocqué. — Sapeur des gardes-suisses. —Jeune Joueur d'instrument.

— L'Observateur distrait, d'après Micris ; toutes ces épreuves, fort belles, formeront 6 lots.

## ESTAMPES DE DIFFÉRENS MAITRES.

### ÉDELINCK ET NATTIER (Par)

83* François de Médicis. — Jeanne d'Autriche, portraits en pieds, d'après Rubens.

84* Nicolas Coustou. — Le Normant de Tournehem, gravés par Dupuis, et deux autres portraits par Roullet.

85* George d'Angleterre, représenté en pied, par Sailliard, et un autre portrait gravé au burin.

86* Cinq portraits anciens, dont deux par Wostermann, d'après Van-Dick ; un par Mellan, et deux par Deleu.

87* Jacobus Jordaens, par Jode. — Joannes Wildens, par Paul-Pontius, d'après Van-Dick. — Deux autres portraits par Morin, d'après Phi. Champaigne,

88* Charles IX, par Massard, d'après Holbein.— Van-Dick, par de Marcenay et portrait du fils de Rubens.

89* L'Académie des Sciences. — Le Triomphe

d'Alexandre, par Lécler; épreuves avant la
lettre. — Quinze vignettes pour la Passion,
par Callot, et une Cérémonie, par le même.

90* Par Duflos et Ragot, Jésus-Christ avec deux
Apôtres, d'après P. Veronèse. — Le Jugement dernier, d'après Rubens.

91* Six portraits dont J. G. Wille, par Muller.
— Robert le Lorrain, par N. Tardieu. — Caf-
fieri, par A. Saint - Aubin. — Le comte
d'Arundel. — Le maréchal Ney, par M. Al.
Tardieu.

92* Le Maître de Saçy, par Typographus. —
Autre portrait de Prestre, d'après Champaigne.

93* Les portraits de Fusebius Renaudot, par
Chereau. — Catherine Mignard et Franç. de
la Peyronie, par Daullé.

94* Christ au tombeau, par Duchange, d'après
Paul Véronèse. — Le cardinal de Fleury, par
Thomassin. — Charlotte Desmares et deux
autres Portraits.

05* Deux portraits d'Archevêques, gravés par
Michel Natalis.

96* Les portraits de Coppnol, d'Henri Dubois et
de quatre Évêques, gravés par Corneil Vis-
cher, d'après Rubens et Van-Dyck.

07* Le Vicomte de Turenne. — Jeanne d'Arc,
par de Marcenay. — Fénélon. — Jean de la

Fontaine. — Réné Descartes. — Ant. F. Prévost. — Voltaire. — Montaigne, par Ficquet; huit portraits beaux d'epreuves.

98* Louis de Latour d'Auvergne, par Schimdt d'après Hyacinthe Rigaud; autres Portraits par de Marcenay, d'après Van-Dick.

99 Eestampes anciennes; 88 pièces, 2 lots.

100 Deux cent trente-neuf Vignettes et beaux Portraits par Audran, St.-Aubin, Bertaux, Bolswert, Chéreau, Catheliu, Corneille Galle, Dupuis, Edelinck, Jeauvat, La Belle, Marcenay, Nattier, Pontius, Roullet, Sadeler, Suruge, Vosterman, Wille, Van-Dick, etc., 4 lots.

101 Le Repos des Vaches, par Berghem. — Le Vacher, par Paul Potter; la première pièce très-rare, étant avant le petit nuage.

102 Quatre eaux-fortes, dont l'Enfant prodigue, par Lebas, d'après Téniers. — La Charité, par Galle, d'après Rubens; deux autres, par Weirotter et Wisscher.

103 Cinq eaux-fortes, par Boissieu et Schimdt.

104 Vingt-quatre pièces, Sujets militaires et Paysages à l'eau-forte, par Boissieu et Klein; toutes très-belles épreuves de remarque, 3 lots.

105 Douze eaux-fortes, par Schéneau.

106 Onze cent soixante-quatre pièces, parmi lesquelles on remarque des Estampes anciennes

et Portraits par Nanteuil, Drevet, Chéreau, Morin, Larmessin, Poilly, Woollett, Perelle, Pillement. Nombre de vignettes, partie de sur papier de Chine; beaucoup d'eaux-fortes représentant des Paysages et Batailles par Duplessis Bertaux; Voyage de Constantinoplé, Victoire d'Aboukir, et Sujets de genre, 19 lots.

107 Études pour le dessin, Bas-reliefs antiques, Portraits et Estampes d'artistes, 166 pièces, 2 lots.

108 Les portraits de Massalski et d'Alexandre Ier., par Bervic et Garnier.

109 Portrait en pied d'Officier français, gravé par MM. Potrelle et Gudin, sous la direction de M. Desnoyers, d'après M. Kinson; épreuve avant la lettre.

110 La belle Jardinière, estampe gravée par Audouin pour le Musée. — *Il n'est plus temps*, par Bouillon. — La Victoire distribuant des couronnes, par F. Müller; pièces avant la lettre.

111* Les Nymphes au bain; jolie estampe dessinée par M. Desnoyers, d'après M. Lethiers.

112* Cinquante-six Estampes et Vignettes, d'après Prud'hon et autres maîtres, gravées par MM. Alex. Tardieu, Baquoy, Bovinet, Fortier, Roger, Langlois, Massard. — Paysages

d'après le Poussin et Cl. Lorrain, par Vivarès.
— Socrate prêt à boire la ciguë, par Peyron.
— Le Sacre de Louis XVI, par Moreau. —
Les Muses, pierres antiques et bas-reliefs,
par Audouin et Masquelier. — Différens Portraits anciens, 14 lots.

113 Quarante-deux pièces, dont les Muses et Études, par Réverdin. — Têtes gravées au burin,
d'après l'antique. — Suite d'Amours, par Copia. — Départ et Retour, par Isabey. — Racine. — Boileau. — Guillaume Tell, etc., 9
lots.

114 La Bergère des Alpes, et Paul et Virginie;
deux Paysages gravés par MM. Baquoy et
Legrand, d'après Gandat et Valin.

115 Les pénibles Adieux et le Danger de la précipitation; épreuves coloriées.

116 Vingt-neuf estampes, dont *Garde à vous*, par
Porparati. — *Il n'est plus temps*, par Audoin.
— L'Invalide malade, et têtes d'expressions,
par Maile. — Hébé, Léda, Érigone, l'Amour,
pièces en couleur. — La Méprise. — Le Bivouac
des Baskirs, par M. Jazet. — Suite des amours
dans la rose. — Napoléon, par Audoin, onze
lots.

117 Le petit Pêcheur. — Le combat des Chiens et
pendant; trois jolies gravures anglaises.

118* Vingt estampes, dont les pénibles Adieux,

avant la lettre, par M. Desnoyers—Le Lion
de Florence, par Cazenave.—Jeanne d'Albret,
par M. Gudin. —Les Nymphes au bain, par
Noël et Massol.—Angélique et Médor, par
Morghen—L'Histoire de l'Amour, par Dissard.
—*Les Hommes se disputent, les Femmes se
battent*, d'après Boilly. — La Main - chaude,
d'après M. Debucourt.—Mariage d'Anne de
Boulen. — Mort de lady Jeanne Gray. —
Les Anges dans le désert.—Alpheus and et
Rethusa.—Vues des environs de Gaillon—Les
Nappes, d'eau—Vues de Lagny et Mortagne,
par MM. Pillement, Masquelier et Godfroy,
12 lots.

119 Trois cent trente pièces diverses encadrées
et en feuilles, dont portrait de la Famille
royale et autres, sujets de chasses et paysages,
Batailles, Révolution Française, eaux-fortes,
par Duplessi-Bertaux, atlas et estampes de
fantaisie, 17 lots.

120 Mille douze pièces gravées au burin et au
pointillé, dont Plan et Monumens d'architecture, Vignettes, par Duplessi-Bertaux, Aca-
démies, Oiseaux et autres animaux; Fleurs,
Statues, Portraits anciens et modernes, quelques Dessins, 10 lots.

121 Un portefeuille à filets dorés, contenant 234
pièces, dont : la Communion de St.-Jérome,

avant la lettre, sur papier de Chine, par M. Alex. Tardieu. — L'Aurore et Céphale, par M. Forster. — Le Christ mort, avant la lettre, et autres gravures, par MM. Girardet, De Frey, Audouin, Fortier, Desnoyers, Richomme, R. U. Massard, Chatillon, Langlois, Laugier, Baquoy, Romanet, Dequevauviller, Morel, Avril, Reindel, et autres habiles artistes; quelques estampes par J. G. Wille. — Collection de très-beaux paysages d'après Claude Lorrain, K. Dujardin, Winants, Paul-Bril, Ostade et J. Vernet. — Pièces de la galerie de Florence et du concours décennal; plusieurs de ces estampes sont avant la lettre et sur papier de Chine. On remarquera aussi 17 pièces par Albert-Durer et autres grands maîtres; cet article formera 20 lots.

## LITHOGRAPHIES.

#### VOLMAR (Josse).

122 Une jolie Collection de Chasses; épreuves coloriées.

#### GREVEDON (Par M.).

123 Françoise de Rimini, d'après M. Coupin; épreuve avant toutes lettres, papier de Chine.

## BARATHIER ( M. ).

124 Psyché au tribunal de Vénus. — Psyché offrant des présens à ses sœurs. — Le récit. — Le Combat de la flûte. — Quatre très-belles lithographies d'après M. Fragonard; épreuves avant la lettre, sur papier de Chine.

125 Trois albums formant 45 pièces lithographiées par les premiers artistes; 2 lots.

126 Galatée. — Odalisque. — Jeune Fille et Mardochée, quatre belles lithographies par MM. Aubry - Lecomte et Dassy, d'après Girodet; 2 lots.

127 Ecce homo. — St.-Paul. — Ste.-Vierge et l'Enfant Jésus. — Ste.-Cécile. — Ste.-Marie Madeleine. — Ste.-Catherine d'Alexandrie; Six études lithographiées d'après Raphaël et le Titien.

## RECUEILS.

128 Sacre et Couronnement de Napoléon et de Joséphine; recueil de gravures représentant toutes les cérémonies qui ont eu lieu à cette époque; ouvrage exécuté d'après les dessins de MM. Percier et Fontaine, et sous leur direction.

129 Description des Cérémonies et Fêtes qui ont

eu lieu pour le mariage de Napoléon avec
Madame l'Archiduchesse Marie Louise d'Autriche, par MM. Percier et Fontaine.

130 Charte constitutionnelle des Français, ornée
de gravures, dédiée au Roi, par M. le che-
valier Ponce.

131 Victoires et Conquêtes, ou Recueil des prin-
cipaux événemens de l'histoire de nos combats,
16 livraisons, 64 lithographies par M. Grenier.

132 L'OEuvre de Claude Lorrain; 3 volumes car-
tonnés, contenant 300 gravures, par Richard
Earlom ( ouvrage d'un grand intérêt ).

133 Galerie de Madame la Duchesse de Berry ; 24
livraisons, très-belles épreuves, papier de
Chine, publiée par Bonnemaison.

134 Charmante collection de Paysages par Perelle.

135 Un volume in-folio, contenant les plus beaux
Monumens de Rome ancienne et moderne,
par Barbeault.

136 Soixante-neuf cahiers des Costumes coloriés
du grand duché de Toscane, des états du
Pape, des Grecs, Turcs et autres sujets,
12 lots.

137 Un volume contenant 130 pièces à l'usage des
artistes.

138 Récueil de Vues pittoresques de la France,

15 livraisons formant 60 lithographies, par M. Bourgeois.

139 Recueil de Chevaux de tous genres, dessinés par MM. Carle et Horace Vernet.

140 Suite de grandes et belles Têtes d'étude, calquées et dessinées d'après les tableaux de Raphaël, 13 feuilles, par Bonnemaison.

141 Description du château de Chambord par MM. Merle et Perié.

142 Voyage pittoresque et historique à Lyon et ses environs, publié par M. Fortis; ouvrage composé de 20 belles gravures, par Piringer, d'après les dessins de MM. Wery, Bourgeois et Fulchiron.

## PLANCHES GRAVÉES.

143 Quarante planches, études et principes pour le dessin, par Lebas.

144 Quatre planches; Paysages, vue de Besançon, etc. etc.

145 Deux grands cuivres jaunes, projets de Monuments.

146 Sept planches, dont la Mort de Léonard de Vinci. — Prométhée, le Paradis. — Deux Portraits. — Deux Turcs.

147 Six planches, dont la Frileuse. — L'Amour

maternel. — La petite Mère. — La Fleuriste.
— La jeune Nourrice.

148 Six planches, dont : la petite Fermière. —
La petite Sœur. — Deux Milady. — Musique
et Poésie.

149 Quatorze planches, dont : Vues de la ville de
Marseille. — Batailles. — Paysages et sujets
de l'Histoire Sainte, par Rigaud.

150 Cinq planches, dont : deux Eruptions. —
Deux Saints, Têtes par Silvestre et Bolsverd.

151 Quatre planches, dont : la Chaumière, par
Wouvermans. — Paysage par Pillement, et
2 Vues de Cologne.

152 Treize planches, Ruines de Rome en 52
cuivres.

153 Deux cent soixante et une planches représentant une collection de portraits de Souverains
et personnages qui ont marqué en France, en
Angleterre, en Écosse, en Allemagne, en
Suisse et en Italie. Tous ces portraits sont
gravés au burin par Ficquet, J. G. Wille,
Flipart, Fessard, Aubert, Basan, Gaillard, etc.
(Cet intéressant article, quoique considé-
rable, ne sera pas divisé.

154 Cartes des départemens, en 90 planches.

155 Quatre-vingt-onze planches gravées pour
l'étude de la botanique par Tourneford.

156. Trente vignettes gravées par Lebas, pour l'Histoire ancienne de Rollin.

157 Recueils de Vases, d'Ornemens et Figures, tirés de l'antique, 11 cahiers en 66 planches, par Villemin.

158 Cent vignettes gravées par Moreau, Masquelier et Néc, d'après Lebarbier, 2 lots.

159 Quarante-trois planches de Fragmens à l'usage des artistes.

160 Soixante-dix-sept planches de Médailles et anciennes Monnaies de France.

161 Trente et une planches de Costumes turcs, gravés par Silvestre.

162 Trente et une planches, dont : portraits de Comédiens, Vignettes, etc.

163 Onze paysages, d'après Paul-Brill, par Mariette.

164 Trente-trois planches, d'après Mignard et Boucher.

165 Quarante-six vignettes pour l'Histoire de France, par Audran, Cochin et Baquoy.

166 Quarante et une vignettes de romans.

167 Quarante-deux planches, Antiquités d'Herculanum et de la Suisse.

168 Treize portraits, dont : Bally, Lenoir, Saint-Fargeau, Robespierre, Moreri.

169 Soixante-dix petites planches, gravées par Bernard-Picart.

170 Vingt-huit planches pour la chimie et instruction pour les jardins.

171 Dix-neuf planches d'Animaux, par Houël.

172 Cent onze Vues de Paris, par Sergent et Campion.

173 Soixante-quinze autres Vues de Paris, par Durand et Janinet.

174 Cinq planches de Serrures à secrets, combinées par un illustre personnage.

175 Une planche, Vue de la Fontaine des Innocens.

176 Douze planches, dont 10 pour l'atlas de l'Astrée, et 2 des voitures à lourds fardeaux.

177 La Collection intéressante formant l'encyclopédie pittoresque, ou suite de compositions, caprices et études, en 356 planches gravées au trait et avec esprit par Swebach.

177 *bis* Plusieurs cuivres prêts à graver.

## TABLEAUX.

### MALBRANCHE.

178 Effet de nuit, vue prise sur le bord de la mer.

179 Autre effet de nuit, et un joli paysage dans lequel on remarque un moulin a. bout d'un pont, 2 tableaux.

180 Deux autres tableaux, effet de neige et pendant, par le même.

### DIEBOLD et MALBRANCHE.

181 Près d'une petite chapelle on remarque un Pâtre et son troupeau. — Un joli Paysage présentant une vaste étendue. — Deux charmans tableaux touchés avec soin.

### DIEBOLD.

182 Deux Paysages et Animaux, faisant pendant.

### LEBORNE et CHOLET.

183 Une Guérilas ; autre tableau représentant une Vivandiere pensant un Soldat blessé.

### AZÉMA.

184 Un Troupeau sortant de la bergerie, fond de paysage.

### LEBORNE.

185 Deux tableaux, dont un Paysage et l'Intérieur d'une ferme.

### ANONYMES.

186 Un tableau représentant une partie de l'atelier de M. Odiot.

187 Halte militaire, tableau piquant;

188 Un jeune Enfant soufflant des bulles d'eau dans une coquille, tableau sur bois.

189 Vue prise d'après nature, dans la villa Adriana, près Tivoli, très-jolie peinture, sur porcelaine.

190 Cinq Études, peintes par Saint-Martin et autres.

# DESSINS.

### DIETRICY.

191 Le Serpent d'airain et une Descente de croix, dessins à la plume et lavés.

### ROOS (Henry).

192 Marche d'Animaux, dessin capital exécuté au bistre.

### PALMÉRIUS.

193 Un Ane bâté, dessin au crayon rouge.

### WATEAU.

194 Cinq Études aux trois crayons.

### TIEPOLO.

195 Neuf Croquis à la plume et lavés.

## VERSEHURING.

196 Beau Dessin capital au bistre, représentant un choc de cavalerie.

## SASTLEVEN.

197 Trois Dessins légèrement coloriés, ils représentent différens animaux.

198 Six Croquis à l'encre de la Chine, manière de Boissieu.

199 Petites Études. — Croquis, par Worlige. — La Jeune et la Vieille, par Fragonard; 11 des-ss.

2ll Quatre dessins, dont une Main, par Hyacinthe Rigaud. — Jeune Femme, par Boucher, et deux autres par Bega.

201* Pêcheurs à la ligne et au filet, vue prise dans les environs de Marseille, dessin attribué à Joseph Vernet.

202* Deux dessins par Duflos, vue d'une partie du Colysée et de l'hôtel de Sainte-Agnès.

203 Deux dessins à la sepia, par L. Vernet et Ulrick.

204 Deux bustes de paysans, par Cornelis Dusart, dessins coloriés; un Paysage par le vieux Moucheron, et un Croquis à la plume par de Koning.

205* Une tête du Christ, dessin fait à Rome en 1645, d'après Raphaël Urbain.

## LIVRES.

206 Quatre cents volumes, dont la Vie des peintres, Traité des Beaux-Arts, Jugement sur la peinture, par Rubens; Histoires de France, d'Angleterre et Romaine; Fables égyptiennes, Esprit des lois, par Montesquieu; Esprit des Nations, Métamorphoses d'Ovide, l'Illiade d'Homère, les Annales de Corneille et Tacite, Histoire Universelle, Voyages, Vies des Grands-Hommes, l'Éducation de l'Homme, par Helvetius; Œuvres de Voltaire, Molière; Vie de Célèbres Architectes, Traité d'Architecture, par Palladio; gravures par Jean Cousin, la Bible, Vie des Saints, et différens ouvrages traitant de la Médecine, de la Physique, de l'Aimant, de l'Horlogérie, etc. etc.

## OBJETS DIVERS.

207 Une grande Croix en beaux brillans.
207 *bis* Une autre Croix moyenne, demi-brillans.
208 Une troisième *idem*, plus petite.

209 Deux Bagues, grosses étincelles, 2 lots.

210 Deux autres *idem*, moyennes, 2 lots.

211 Une autre Bague, petites roses.

212 Un demi Jonc, de roses et demi-brillans.

213 Une paire de Boucles d'oreilles, Boutons, roses et Poires.

214 Autre paire de Boucles d'oreilles de roses et perles fines.

215 Une Épingle de neuf roses.

216 Une petite Épingle agate onix, avec émeraude et rubis.

217 Une belle Épingle en brillans et roses, avec pierre de couleur.

218 Une paire de Bracelets et une Agrafe en crisocale.

219 Une belle Montre à tac, or et argent, travail extraordinaire, par Leborie.

220 Une Montre d'or à répétition, par le Roi, avec sa chaîne, clef et cachet.

221 Une autre jolie Montre d'or, aussi à répétion, avec sa chaîne.

222 Trois Clefs en or, avec grosses pierres de couleur

223 Une Montre en criseau.

224 Un très-beau Fusil de chasse, à pistons.

225 Une Paire de pistolets aussi à pistons.

226 Le grand Corneille et Molière, deux bustes en bronze et socles en marbre de Sienne.

227 Quatre belles Lorgnettes, dont une riche et cannelée.

228 Une Boîte contenant quatorze pièces pour le service de table.

229 Un très-beau Schal long, fond bleu, à palmes et bordures.

230 Une petite Statue en bronze, représentant Napoléon.

231 Garniture en albâtre.

232 Deux beaux vases en albâtre en forme de coupes.

233 Deux Chinois en pierre de Laar.

234 Quatre petites Figures suisses en porcelaine.

235 Divers Cristaux taillés.

236 Plusieurs Tabatières, racine de buis, et ornées de portraits.

237 Plusieurs Écritoires et Serre-papiers.

238 Une Momie d'Égypte ayant trois mille ans.

239 Une belle Psyché, glace de 49 po. sur 27 po.

240 Un très-beau Secrétaire à jeux d'orgues, composés de quarante airs variés.

241 Divers bons Meubles, tels que Canapés, Lits,

Tables à thé, à jouer, et à ouvrage; Bureaux, Écussons, Lorgnettes, etc.

242 Plusieurs paires de Pistolets, Montres d'or, OEil de bœuf, Schals longs, Barèges et Cachemirs français, Toile neuve pour draps, etc.

243 Les objets omis à la Notice seront vendus sous ce numéro.

Vᵉ BALLARD, Imprimeur, rue J.-J. Rousseau, nᵒ 8.